Hablamos de

Adivin

Utiliza la imaginación
e intenta adivinar
a qué cosa nos referimos
en cada
adivinanza.

Dirección editorial M.ª Jesús Díaz

Adaptación Lucía Mora
Asesoramiento pedagógico María Luisa García Herrero
Ilustraciones Juan López Ramón
Diseño de colección José Delicado
Realización y edición delicado diseño

© SUSAETA EDICIONES, S.A.
C/ Campezo, 13 - 28022 Madrid
Tel.: 91 3009100 - Fax: 91 3009118
www.susaeta.com
Impreso y encuadernado en España

D.L.: M-20745-MMXIV

empiezo a **LEER** CON *SUSAETA*

Adivina Adivinanza

Adaptación de Lucía Mora

Ilustraciones de Juan López Ramón

Con la A

1. Yo fui tu primer sonido
cuando empezaste a hablar
y soy la primera letra
que en el alfabeto está.

2. Zumba que te zumbarás,
de flor en flor van,
para endulzar
nuestro pan.

3. Soy un color
muy brillante
que al azul
no puedo ver,
porque si estoy
con él
me pone verde
al instante.

Con la B

4. Puedes escribir
con él
y no es lápiz
ni pincel.

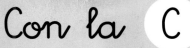

Con la C

5. Cuatro patas tiene
pero no puede andar,
y tiene también pie
que no sabe calzar.

Con la D

6. Vivo en el mar sin ser pez,
salto y nado a la vez,
me gusta ser juguetón
y el del final siempre soy.

Con la **E**

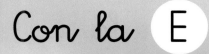

7. Siempre quietas,
siempre inquietas;
dormidas de día
y de noche despiertas.

Con la F

8. Soy la letra
de la flauta
y el sonido
del pinchazo.
　　　¿Quién soy?

9. Todas son
de colores y
se llaman
como yo.
¿Sabes ya
quién soy?

Con la G

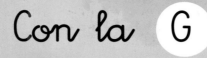

10. Parece una
bici pequeñita
y con ellas
ves las cosas
más
claritas.

11. Poco a poco se hizo su casita
y cuando de ella salió
¡ya era mariposita!

Con la H

12. El hacha me
lleva dentro,
pero mi sonido no
encuentro.

13. No peso nada,
por el aire subo,
y si me meto en tus ojos
te haré llorar, seguro.

Con la I

14. Soy un palito
muy derechito
y en la cabeza
tengo un mosquito.

Con la J

15. Soy la letra más alegre
de todo el abecedario,
y me baila en todas partes,
muy feliz, el vecindario.

Con la L

16. El rey de la
selva soy,
pero en el circo
preso estoy.

17. Tiene hojas y no es árbol,
tiene lomo y no es caballo.

Con la M

18. Tengo mil vestidos
de diferente color
y visito las flores
cuando sale el sol.

19. Roja es
y con pintitas,
bien negras como
sus patitas.

Con la N

20. ¡Nana, nanita, ea! ¿Cuál es esa letrita que tanto suena?

21. Soy redonda, redonda, y al morir me despedazan y todo el jugo me sacan.

Con la Ñ

22. Aunque llevo turbante
mora no soy,
que solo en español
de letra estoy.

Con la O

23. Somos dos lindos gemelos,
del mismo modo vestidos;
durante el día brillamos
y por la noche
dormimos.

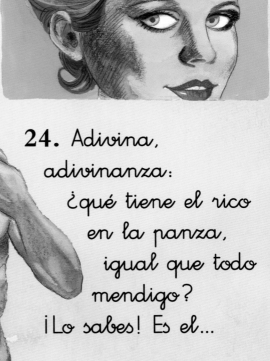

24. Adivina,
adivinanza:
¿qué tiene el rico
en la panza,
igual que todo
mendigo?
¡Lo sabes! Es el...

Con la P

25. Si estamos asadas,
somos muy pesadas;
si nos ponen fritas,
estamos muy ricas.

26. Dentro del agua me muevo veloz,
pero si me sacan me muero yo.

Con la Q

27. Se hace con leche,
con mimo y con tiempo,
puede resultar duro
y también muy tierno.
¿Qué es eso?

Con la R

28. Es verde
esmeralda
y alegre
canta
junto a las
charcas,
salta
que salta.

29. Tengo
agujas y no
sé coser, tengo
números y
no sé leer.

Con la S

30. ¿Qué cosa, qué cosa es, que casi te lo he dicho, aunque al revés?

31. Tiene patas y espalda, pero no se mueve ni anda.

Con la T

32. Te la cuento
y te la vuelvo
a contar,
te la contaré
cien veces
y no la vas
a acertar.

33. Con un velito de tul
y con un trozo de pan
formaremos
una flor.
¿Sabes tú
decirme
cuál?

Con la U

34. El burro me lleva
a cuestas bien metida
en un baúl;
yo no la tuve
jamás y siempre
la llevas tú.

Con la V

35. Susurro entre las hojas
y aireo campos enteros,
hago subir las cometas
y empujo los veleros.

Con la Z

36. Aunque ande por el suelo,
soy de lo más importante
porque siempre a todas partes
vas conmigo
y yo te llevo.

Soluciones

1. La letra A
2. Abejas
3. Amarillo
4. Bolígrafo
5. Cama
6. Delfín
7. Estrellas
8. La letra F
9. Flor
10. Gafas
11. Gusano de seda
12. La letra H
13. Humo
14. La letra I
15. La letra J
16. León
17. Libro
18. Mariposa
19. Mariquita
20. La letra N
21. Naranja
22. La letra Ñ
23. Ojos
24. Ombligo
25. Patatas
26. Pez
27. Queso
28. Rana
29. Reloj
30. Saco
31. Silla
32. Tela
33. Tulipán
34. La letra U
35. Viento
36. Zapatos